JESUS

Philosophie für unterwegs, Band 8

Bisher erschienen
Band 1: Epikur. Der Philosoph der Freude
Band 2: Nietzsche. Der Wanderphilosoph
Band 3: Machiavelli. Der Philosoph der Macht
Band 4: Aristoteles. Wegbereiter der Metaphysik
Band 5: Karl Popper. Der kritische Rationalist
Band 6: Francis Bacon. Empirist und Lordkanzler
Band 7: Ludwig Feuerbach. Philosoph des gesunden Menschenverstandes
Band 8: Jesus. Meister des Wortes
Band 9: Hannah Arendt. Erforscherin des Bösen

Florian Russi war Schüler an einem Jesuitenkolleg und studierte Jura, Volkswirtschaft und Philosophie. Nach dem Studium war er als Richter, später als Dozent für Politikwissenschaften und Rechtslehre tätig. Heute leitet er ein größeres Unternehmen der Wohlfahrtspflege. Er veröffentlichte verschiedene belletristische Werke, u. a. im Mitteldeutschen Verlag, und ist Begründer und Herausgeber der Reihe „Philosophie für unterwegs". Der Autor lebt unter seinem bürgerlichen Namen in einem Vorort von Weimar.

FLORIAN RUSSI

JESUS

Meister des Wortes

mitteldeutscher verlag

Die Reihe „Philosophie für unterwegs“ wird herausgegeben von Florian Russi.

Umschlaggestaltung unter Verwendung einer Zeichnung von Lutz Bolldorf.

Bibliografische Information der Deutschen Nationalbibliothek
Die Deutsche Nationalbibliothek registriert diese Publikation in der Deutschen Nationalbibliografie; detaillierte bibliografische Daten sind im Internet über http://dnb.dnb.de abrufbar.

1. Auflage

www.mitteldeutscherverlag.de

Gesamtherstellung: Mitteldeutscher Verlag, Halle (Saale)

ISBN 978-3-96311-457-1

Printed in the EU

Inhalt

Das Leben Jesu

Das wenige, das wir über das Leben Jesu wissen, kennen wir aus den Berichten der Evangelisten. Für sie war Jesus der Sohn Gottes, und deshalb war sein Leben nicht das eines normalen Menschen. Aus diesem Grund haben sie das wenige, was sie über seine Herkunft und seine Geburt sagten, überhöht und verklärt.

In den Evangelien wird berichtet, dass Jesus in der Stadt Bethlehem geboren worden sei (Mt 2,1, Lk 2,1–21). Damit verbunden ist eine romantische Geschichte, die von den Christen jährlich im Weihnachtsfest nachgefeiert wird. In der Wissenschaft wird diese Geburtserzählung bezweifelt. Unbestritten verlebte Jesus seine Kindheit und Jugend in dem Dorf Nazareth in Galiläa, das zu dieser Zeit etwa 200 Einwohner zählte. Sein Vater war Bautechniker und diesem Beruf ist auch Jesus bis zum Alter von etwa 30 Jahren nachgegangen.

Sein Geburtsjahr wird von der heutigen Forschung auf das Jahr 4 vor unserer Zeitrechnung datiert. Diese Zeitrechnung, die für uns mit Christi Geburt beginnt, war also ungenau. Im Alter von ungefähr 30 Jahren begann er vom Nahen des Reiches Gottes zu predigen. Er behauptete, von Gott gesandt zu sein und umgab sich mit Jüngern, die ihm folgten. Er lehrte sie und alle Menschen, denen er begegnete. Dabei legte er Wert auf die Feststellung, dass er sich genau an die Gesetze des Moses und der Propheten halte, ging jedoch gleichzeitig in vielen Punkten über die traditionellen jüdischen Lehren hinaus. Diese Eigenmächtigkeiten brachten ihn in Konflikt mit den damals maßgebenden theologischen Schulen des Judentums.

Dabei handelt es sich vor allem um die Schulen der Pharisäer und der Sadduzäer. Diese unterschieden sich u. a. dadurch, dass die Pharisäer sowohl den heiligen Schriften des Judentums als auch den mündlichen Glaubensüberlieferungen folgten, während die Sadduzäer nur die geschriebenen Texte anerkannten. An der Gefangennahme Jesu waren beide Schulen beteiligt.

Jesus zog als Wanderprediger umher, kehrte in Synagogen ein und sammelte Anhänger um sich, die ihn auch in ihre Häuser einluden und ihn als Heilsbringer verehrten. Bald schon ging ihm der Ruf voraus, dass er Wunder wirken und allein durch seine Worte Kranke heilen und sogar Tote auferwecken könne. Als Jesus sich anlässlich des jüdischen Pessachfests mit seinen Jüngern in Jerusalem aufhielt, verschworen sich seine Gegner gegen ihn. Sie nahmen ihn gefangen und klagten ihn vor dem römischen Präfekten von Judäa an, dass er sich zum König der Juden erheben wolle und einen Aufstand gegen die Römerherrschaft im Land vorbereite. Der Präfekt zögerte erst, dann verurteilte er Jesus zum Tod. Jesus starb am Kreuz, der grausamsten Hinrichtungsart, die das römische Strafrecht vorsah.

Er wurde anschließend von seinen Anhängern bestattet. Doch nach deren Bezeugung soll er am dritten Tag nach seiner Hinrichtung aus dem Grab auferstanden und zu neuem Leben erwacht sein. Aus diesem Glauben entwickelte sich die christliche Religion. Am Pfingsttag soll er seine Jünger um sich versammelt und mit ihnen seine Kirche gegründet haben. Seine Auferstehung ist bis heute eine Angelegenheit des Glaubens geblieben.

„Im Anfang war das Wort und das Wort war bei Gott und Gott war das Wort“

Beginn des Johannes-Evangeliums (zitiert nach der Lutherbibel)

Jesus als Philosoph

Jesus von Nazareth war der wirkungsmächtigste Mensch, der je gelebt hat. Heute (2021) fühlen sich etwa 2,3 Milliarden Menschen auf der Erde seinen Lehren verbunden. War er auch ein Philosoph?

Jesus hat seine Lehren verkündet, aber nicht diskutiert und argumentiert. Nach Karl Popper beruht Philosophie auf Erfahrung und Argumentation (1). Reine Glaubensverkündigung wäre danach keine Philosophie. Jedoch hat Jesus nicht nur Glaubenssätze und religiöse Gebote verbreitet, sondern auch menschliches Verhalten und Handeln bewertet und gelehrt. Dies aber fällt in den Bereich der Ethik, die ein Teil der praktischen Philosophie ist.

Die meisten Philosophen haben nicht argumentiert, sondern ihre Lehren auf Grund von Erfahrungen und Vorstellungen postuliert. So beruht Platons Lehre vom Staat auf einem Mythos und der Historische Materialismus von Karl Marx auf einem wissenschaftlich nicht belegbaren Historizismus (2). Nietzsche hat nicht an die Göttlichkeit Jesu geglaubt, ihn aber als herausragenden Denker und Lehrmeister anerkannt (3). Zu Recht hat deshalb Horst Poller Jesus auch unter die Philosophen eingereiht (4).

Denkt um!

Als 30-Jähriger stieg Jesus zu Johannes dem Täufer in den Jordan und ließ sich von ihm taufen. Danach begann er, durch Galiläa zu ziehen, Jünger und Anhänger um sich zu sammeln und in Synagogen und auf freiem Feld zu predigen. Er war ein Meister der freien Wortes und zog seine Zuhörer in Bann. Seine Lehrtätigkeit eröffnete er mit einem Aufruf, den schon der Täufer verwendet hatte:

> „Kehrt um, denn das Himmelreich ist nahe."
> (Mt 3,2)

„Tut Buße", stand in früheren Bibeltexten, doch im griechischen Urtext heißt es „Metanoete", und das bedeutet: „Denkt um."

Jesus war kein Bußprediger. Ihm ging es darum, das nahende Gottesreich anzukündigen und vorzubereiten. Er wollte überzeugen und nicht anklagen oder richten. Das zeigt sich auch, als er bei einem Besuch in Jerusalem mit Schriftgelehrten und Pharisäern streitet und diese, um ihn der Gesetzesverletzung zu überführen, eine Frau vorstellen, die beim Ehebruch erwischt wurde. Sie weisen ihn darauf hin, dass eine Ehebrecherin nach den Gesetzen des Moses gesteinigt werden müsse, und fordern ihn auf, ein Urteil abzugeben. Dann heißt es im Evangelium des Johannes:

> „Doch Jesus bückte sich und schrieb mit dem Finger auf die Erde. Als sie hartnäckig weiterfragten, richtete er sich auf und sagte zu ihnen: ‚Wer von euch ohne Sünde ist, der werfe als Erster einen Stein auf sie'." (Joh 8,6–7)

Er lehnte es ab, die Frau zu verurteilen, und gab ihr nur den Rat:

> „Geh und sündige von jetzt an nicht mehr." (Joh 8,11)

Seine Haltung zur Frage von Sünde, Sühne und Buße wird auch in seiner wichtigsten Botschaft, der Bergpredigt, deutlich. Im ersten Teil preist er bestimmte Lebensweisen, und erst im zweiten kommt er auf die Einhaltung der Gebote des Moses zu sprechen. Dabei macht er seinen Zuhörern keine Vorwürfe und sagt etwa: „Hört auf, euch zu belügen, zu bestehlen oder zu prügeln", oder: „Ihr sollt regelmäßig die Synagoge besuchen und den Sabbat heiligen." Er stellt die Gesetze nicht in Frage und fordert seine Anhänger sogar auf, bei deren Befolgung Vorbild für andere zu sein („Ihr seid das Salz der Erde", „Ihr seid das Licht der Welt"). Dann geht er auf zwei der zehn Gebote des Moses ein und sagt:

> „Ihr habt gehört, dass zu den Alten gesagt worden ist (Ex, 20,13; 21,12): ‚Du sollst nicht töten; wer aber jemand tötet, der soll dem Gericht verfallen sein'. Ich aber sage euch: Jeder, der seinem Bruder auch nur zürnt, soll dem Gericht verfallen sein; wer aber zu seinem Bruder sagt: ‚Du Dummkopf!', soll dem Spruch des Hohen Rats verfallen sein; wer aber zu ihm sagt: ‚Du Narr!', soll dem Feuer der Hölle verfallen sein.
> Wenn du deine Opfergabe zum Altar bringst und dir dabei einfällt, dass dein Bruder etwas gegen dich hat, so lass deine Gabe dort vor dem Altar liegen, geh und versöhne dich zuerst mit deinem Bruder, dann komm und opfere deine Gabe. Schließ ohne Zögern Frieden mit deinem Gegner, solange du mit ihm noch auf dem Weg zum Gericht bist! Sonst wird dich dein Gegner vor den Richter bringen und der Richter wird dich dem Gerichtsdiener übergeben und du wirst ins Gefängnis geworfen [...]." (Mt 5,21–25)

Jesus Aussagen waren oft sehr drastisch und sogar brutal. Nie aber hat er einen seiner Zuhörer persönlich bedroht oder abgeurteilt. Deutlich und direkt wurde Jesus immer dann, wenn es ihm um ein ethisches Postulat ging, das nicht im allgemeinen Bewusstsein verankert war.

Oft sprach er auch in Gleichnissen. Auf die Frage seiner Jünger, warum er das tue, antwortete er ihnen, dass er verhindern wolle, dass diejenigen ihn verstünden, die dazu nicht berechtigt seien (Mt 13,10–17; Mk 4, 10–12; Lk 8,9–10). Angesichts seines öffentlichen Auftretens ist das widersprüchlich. Darüber hinaus ist ein Gleichnis eine „Erzählung, die einen Sachverhalt durch bildhafte Rede veranschaulicht“ (5) und gerade dazu angetan, eine Aussage verständlich zu machen.

Zum 6. Gebot des Moses führt Jesus aus:

> „Ihr habt gehört, dass gesagt ist [Ex 20,14]: ‚Du sollst nicht die Ehe brechen‘. Ich aber sage euch: Jeder, der eine Frau ansieht, um sie zu begehren, der hat schon mit ihr die Ehe gebrochen in seinem Herzen […].“ (Mt 5, 27–28)

Das klingt sehr rigoros und war sicher auch so gemeint. Doch Jesus nennt diese Beispiele nicht im Zusammenhang mit Sündenschelte und Strafandrohungen, sondern mit Ratschlägen und Mahnungen wie diesen:

> „Ihr habt gehört, dass gesagt ist [Ex 21,24]: ‚Auge um Auge, Zahn um Zahn‘. Ich aber sage euch: Leistet dem, der euch etwas Böses antut, keinen Widerstand, sondern wenn dich einer auf die rechte Wange schlägt, dem halte auch die andere hin! Und wenn dich einer vor

> Gericht bringen will, um dir das Hemd wegzunehmen, dann lass ihm auch den Mantel. Und wenn dich einer zwingen will, eine Meile mit ihm zu gehen,* dann geh zwei mit ihm. Wer dich bittet, dem gib und wer von dir borgen will, den weise nicht ab." (Mt 5,38–42)

Es ist davon auszugehen, dass Jesus lehren, beraten und ermahnen, aber nicht verurteilen wollte. Es ging ihm um kluges zwischenmenschliches Verhalten und um die Erkenntnis, dass Sünden und Vergehen nicht quasi „über Nacht" begangen werden, sondern meist ein Vor- oder Umfeld haben, auf das zu achten ist. Es entspricht der Maxime des römischen Dichters Ovid (43 v. Chr.–17 n. Chr.): „Principiis obsta, sero medicina paratur" (6) – „Widerstehe den Anfängen, zu spät wird (sonst) das Heilmittel zubereitet." Dass es Jesus nicht darum ging, die Sünder zu verdammen, geht auch daraus hervor, dass er seinen Jüngern die Vollmacht gab, Sünden zu vergeben (Joh 20,23).

---

* Nach dem Besatzungsrecht konnte ein römischer Soldat von einem Einheimischen verlangen, dass er ihn eine Meile weit begleitete und beim Tragen seines Gepäcks behilflich war.

Liebe deinen Nächsten

Kein anderer Philosoph und auch kein Religionsstifter hat das Gebot der Nächstenliebe so sehr herausgestellt wie Jesus Christus. Es ist der zentrale Punkt seiner Lehre. Als ein jüdischer Gesetzeslehrer ihn fragte, welches Gebot im Gesetz das wichtigste sei, antwortete er:

> „Du sollst den Herrn, deinen Gott, lieben mit ganzem Herzen, mit ganzer Seele und mit deinem ganzen Denken. Das ist das wichtigste und erste Gebot. Ebenso wichtig ist das zweite: Du sollst deinen Nächsten lieben wie dich selbst. An diesen beiden Geboten hängt das ganze Gesetz und die Propheten." (Mt 22,39)

Die gleiche Begebenheit berichtet auch der Evangelist Lukas (Lk 10,27). Dieselbe Aussage wiederholt Jesus an mehreren Stellen in den Evangelien, so bei Matthäus (Mt 19,19) und bei Markus (Mk 12,30–31). Auf die Frage, wer denn dieser Nächste sei, erwiderte Jesus:

> „Was ihr für einen meiner geringsten Brüder getan habt, das habt ihr mir getan." (Mt 25,40)

Auf die gleiche Frage eines Schriftgelehrten antwortete er mit seinem berühmten Gleichnis vom barmherzigen Samariter:

„Ein Mann ging von Jerusalem nach Jericho hinab und wurde von Räubern überfallen. Sie plünderten ihn aus und schlugen ihn nieder; dann gingen sie weg und ließen ihn halbtot liegen. Zufällig kam ein Priester denselben Weg herab; er sah ihn und ging vorüber. Ebenso kam auch ein Levit zu der Stelle; er sah ihn und ging vorüber. Ein Samariter aber, der auf der Reise war, kam zu ihm; er sah ihn und hatte Mitleid, ging zu ihm hin, goss Öl und Wein auf seine Wunden und verband sie. Dann hob er ihn auf sein eigenes Reittier, brachte ihn zu einer Herberge und sorgte für ihn. Und am nächsten Tag holte er zwei Denare hervor, gab sie dem Wirt und sagte: ‚Sorge für ihn, und wenn du mehr für ihn brauchst, werde ich es dir bezahlen, wenn ich wiederkomme.' Wer von diesen dreien meinst du, ist dem der Nächste geworden, der von Räubern überfallen wurde?“ (Lk 10,30–37)

Mit Nächstenliebe hat Jesus nicht die intime seelische oder körperliche Zuneigung gemeint, die ein Mensch nur zu wenigen Mitmenschen haben kann. Er spricht davon, dass man seinen Nächsten lieben soll, wie sich selbst (Mt 22,39). Das bedeutet aber, dass man an den Nächsten auch Ansprüche wie an sich selbst stellen kann. Man darf von ihm erwarten, dass er sein Leben soweit wie möglich eigenverantwortlich gestaltet und an der Entwicklung seiner Persönlichkeit insoweit arbeitet, als andere davon betroffen sind. Dass man den Nächsten gegebenenfalls auch zurechtweisen kann, sagt Jesus selbst:

> „Wenn dein Bruder gegen dich sündigt, dann geh und weise ihn unter vier Augen zurecht! Hört er auf dich, so hast du deinen Bruder zurückgewonnen. Hört er aber nicht auf dich, dann nimm einen oder zwei mit dir, damit die ganze Sache durch die Aussage von zwei oder drei Zeugen entschieden werde. Hört er auch auf sie nicht, dann sag es der Gemeinde! Hört er aber auch auf die Gemeinde nicht, dann sei er für dich wie ein Heide [...]. (Mt 18,15–17)

Im Johannes-Evangelium behauptet dessen Autor, dass Johannes der Jünger gewesen sei, den Jesus liebte (Joh 21,20), und in der Gefolgschaft Jesu waren auch einige Frauen, wie Maria Magdalena (Joh 20,11). Doch daraus auf intimere Beziehungen zu schließen, wäre unredlich. Dafür gibt der Text der Evangelien nichts her. Jesus war auf das von ihm angekündigte Gottesreich festgelegt und der Umgang mit seinen Mitmenschen war darauf bezogen und ohne Erotik oder Schwärmerei. Nächstenliebe bedeutet für Jesus: Achtung, Rücksicht, Anerkennung und, wie im Gleichnis vom barmherzigen Samariter, wenn erforderlich auch tätige Hilfe.

Liebt eure Feinde

Jesus geht noch einen entscheidenden Schritt weiter. In seiner Bergpredigt sagt er:

> „Liebt eure Feinde und betet für die, die euch verfolgen, damit ihr Kinder eures Vaters im Himmel werdet.“ (Mt 5,44)

Und er ergänzt:

> „Wenn ihr nämlich nur die liebt, die euch lieben, welchen Lohn könntet ihr dafür erwarten? […] Und wenn ihr nur eure Brüder grüßt, was tut ihr damit besonderes? Tun das nicht auch die Heiden?“ (Mt 5,46–47)

Die Forderung „Liebe deine Feinde“ ist revolutionär, aber konsequent. Nächstenliebe ist eine Grundhaltung, sie lässt sich nicht aufspalten. Nächster ist jeder, dem man begegnet, ob Familienmitglied, Nachbar, Kollege, Mitbürger, Fremder. Jeder von ihnen kann zum Feind werden, das wird ihm aber schwerer fallen, wenn ihm selbst mit Liebe begegnet wird. Liebe erhält, Hass zerstört. Feindschaft bedeutet Kampf, Fehde, Hinterhältigkeit, Risiko, Unfriede, Vergeltung, Unglück. Sie bindet Zeit und Kraft, die anders sinnvoller eingesetzt werden kann. Hass macht niemanden glücklich. Feindesliebe ist deshalb nicht nur eine Frage von Ethik und Moral, sondern auch ein Akt der Klugheit. Nächstenliebe schließt die Feindesliebe mit ein.

Geh hin zu deinem Bruder

Jesus hat immer wieder gesagt, dass er die Gebote Moses' und die der jüdischen Propheten nicht auflösen, sondern erfüllen wolle (Mt 5,17).

Diese Gebote richten sich an die einzelnen Menschen als Individuen und nicht generell an ein Kollektiv. Es heißt: „Du sollst nicht …" bzw. „Gedenke, dass du …", oder: „Ehre Vater und Mutter …" Das heißt, jeder ist persönlich angesprochen und für sich selbst verantwortlich. Grundlage hierfür ist die Würde des Menschen, die sich aus der biblischen Schöpfungsgeschichte (Genesis) ergibt. Dort heißt es:

> „Gott erschuf den Menschen als sein Bild, als Bild Gottes erschuf er ihn. Männlich und weiblich erschuf er sie." (Gen 1,27)

Wenn Gott aber als „Vater" bzw. als selbstständige Person gesehen wird, muss es folglich auch der Mensch sein. Slogans wie: „Du bist nichts, dein Volk/Stamm/die Partei ist alles" oder kollektivistische Ideologien wie Nationalsozialismus oder Kommunismus sind mit den Lehren Christi nicht vereinbar. Jesus hat die Eigenständigkeit, die Selbstverantwortung und die persönliche Entscheidungsfreiheit jedes Menschen immer wieder betont, was Luther zu seiner Schrift „Von der Freiheit des Christenmenschen" veranlasst hat.

In seiner Bergpredigt spricht Jesus seine Zuhörer zwar alle an, macht aber auch klar, dass seine Lehren und Regeln für jeden Einzelnen von ihnen gelten. Sehr deutlich wird das, wenn er dem, der im Streit lebt, sagt: „Geh und versöhne dich mit deinem Bruder". Das hebt hervor, dass es für Jesus in die Verantwortlichkeit jedes Einzelnen gelegt ist, dass Streit, Zwist, Gegnerschaft und auch Krieg vermieden werden.

Als Jesus mit seinen Jüngern in Jerusalem zu Besuch war und sich dort mit jüdischen Schriftgelehrten und Pharisäern auseinandersetzte, sagte er zu den Jüngern:

> „Die Wahrheit wird euch befreien." (Joh 8,32)

Dies besagt nichts anderes als das, was auch später Philosophen wie Kant oder Popper herausgestellt haben: Wenn der Mensch sich zur Persönlichkeit entfalten und entwickeln will, muss er nach Erkenntnis und Wahrheit streben und muss all das abstreifen, was sich als Irrtum, Falschheit oder Lüge erweist. Freiheit ist die wichtigste Voraussetzung für die Entwicklung der Persönlichkeit. Die aber bildet das Ziel der Lehre Jesu.

Palästina, das Land, in dem Jesus lebte und wirkte, war in seiner Geschichte immer wieder umkämpft. Ägypter, Babylonier, Assyrer, Perser, Griechen und Römer hatten es erobert. Die Region war von wichtigen Handelsstraßen durchzogen und galt als fruchtbar und ertragreich. Zur Zeit Jesu herrschten dort die Römer; kaiserlicher Statthalter von Judäa war Pontius Pilatus, der Jesus später zum Tod verurteilte. Gegen die römische Herrschaft erhoben sich immer wieder Aufständische, wie die Zeloten, die versuchten, durch Waffengewalt und Terrormaßnahmen die Römer aus dem Land zu vertreiben. In den Prophezeiungen jüdischer Propheten war ein „Messias" angekündigt, der das Land einen und von Fremdherrschaft befreien werde. Eine politische Veränderung ohne Anwendung von Gewalt konnten sich die Menschen damals kaum vorstellen.

Nicht so Jesus. Er verkündete ein Gottesreich, das durch die Allmacht Gottes und die freie Gefolgschaft der Jünger Jesu errichtet werden sollte. Er lehnte jede Anwendung von Gewalt ab und lehrte die vollkommene Friedfertigkeit.

> „Selig, die Frieden stiften, denn sie werden Kinder Gottes genannt werden" (Mt 5,9),

sagte er in seiner Bergpredigt, und im Johannes-Evangelium verspricht er seinen Jüngern:

> „Frieden hinterlasse ich euch, meinen Frieden gebe ich euch.“ (Joh 14,27)

Als bei seiner Gefangennahme durch den Hohepriester einer seiner Jünger dessen Knecht ein Ohr abschlug, ermahnte er ihn:

> „Stecke dein Schwert in die Scheide, denn alle, die zum Schwert greifen, werden durch das Schwert umkommen.“ (Mt 26,52)

Jesus geht sogar so weit, dass er den Rat gibt, eher Unrecht zu erdulden, als sich zur Wehr zu setzen (s. S. 14f.).

Das klingt nach radikalem Pazifismus und ist es auch. Dennoch war Jesus kein aktiver Friedenskämpfer. Er hat keine Friedensbewegung ins Leben gerufen. Da er den baldigen Eintritt des Reiches Gottes vor Augen hatte, hielt er es vielleicht auch nicht für vorrangig. Die Waffen, die Jesus einsetzte, waren seine Worte und Wundertaten.

Festzustellen ist, dass er Krieg, Kampf und Gewaltanwendung ablehnte. So haben ihn auch seine Jünger verstanden: „Friede sei mit euch“ wurde für sie zu einer wichtigen Begrüßungsformel.

Selig sind die Sanftmütigen

Krieg ist eine Angelegenheit von Machtgier, Zorn und Aggression. Frieden halten die Besonnenen, die Menschenfreunde und die Sanftmütigen. Sanftmut ist Ausdruck einer milden, nachsichtigen und friedlichen Gesinnung. Sie ist ein Verhalten und eine Tugend, die Streit, Verletzungen und Schaden unter den Menschen verhindern will. In seiner Bergpredigt stellt Jesus diese Tugend an vorderer Stelle heraus:

> „Selig sind die Sanftmütigen, denn sie werden das Land erben." (Mt 5,5)

Wenn die Sanftmütigen das Land besitzen, sollte gewährleistet sein, dass auf der ganzen Welt Frieden und Verständigung herrschen – eine ideale Vorstellung.

In den Evangelien lesen wir von zwei Ereignissen, die allerdings zeigen, dass Jesus selbst nicht immer sanftmütig war, ja sehr zornig werden konnte. Da ist zum einen eine Begebenheit, die Bertrand Russell als einen der Gründe anführte, warum er nicht an die Göttlichkeit Jesu glauben konnte (7).

> „Als er [Jesus] am Morgen in die Stadt zurückkehrte, hatte er Hunger. Da sah er am Weg einen Feigenbaum und ging auf ihn zu und fand an ihm nichts als nur Blätter. Da sagte er zu

> ihm: ‚In Ewigkeit soll keine Frucht mehr an dir wachsen.‘ Und der Feigenbaum verdorrte auf der Stelle.“ (Mt. 21,18–19)

Dieses Verhalten Jesu ist umso weniger verständlich, als der Evangelist Markus, der ebenso davon berichtet, erläutert:

> „[…] denn es war nicht die Zeit der Feigenernte.“ (Mk 11,13)

Schwerwiegender war der Fall, als Jesus vor dem jüdischen Paschafest gewaltsam die Händler aus dem Vorhof des Jerusalemer Tempels vertrieb. Hierüber berichten alle vier Evangelisten. Bei Johannes lesen wir:

> „Das Paschafest der Juden war nahe und Jesus zog nach Jerusalem hinauf. Im Tempel fand er die Verkäufer von Rindern, Schafen und Tauben und die Geldwechsler, die dort saßen. Er machte eine Geißel aus Stricken und trieb sie alle aus dem Tempel hinaus […]; das Geld der Wechsler schüttete er um und zu den Taubenhändlern sagte er: ‚Schafft das hier weg, macht das Haus meines Vaters nicht zu einer Markthalle.‘“ (Joh 2,13–16)

Nach dem Evangelisten Markus hat er sogar gesagt: „Ihr aber habt daraus eine Räuberhöhle gemacht“ (Mk 11,17).

Diese als „Tempelreinigung“ überlieferte Episode war eine Aufwallung von Empörung und Zorn. Doch der Tempel war nicht nur eine Gebets-, sondern auch eine Opferstätte. Auch Jesu Eltern hatten aus Anlass seiner Beschneidung zwei Tauben geopfert (Lk 2,24). Für die Bereitstellung der Opfergaben waren Händler zuständig und die mussten sich notgedrungen in der Nähe des Tempels aufhalten. Das Anliegen, das Jesus hatte, ist verständlich. Sein Verhalten aber war nicht sanftmütig.

Die Seligpreisungen Jesu sind keine Vorschriften, sondern das Herausstellen von Vorbildern. Er sagt: Selig sind die, die etwas Bestimmtes tun. Er lobt sie und kündigt an, dass sie im Reich Gottes belohnt würden. Dass er die Tugenden, die er nennt, nicht von jedem erwartet, können wir unterstellen. Wenn er sagt: „Selig seid ihr, wenn man euch schmäht und verfolgt und alles Böse über euch redet um meinetwillen“ (Mt 5,11), dann ist dies nicht als Aufforderung zum Martyrium, sondern als Trost gedacht. Bei seiner Festnahme auf dem Ölberg hat er seine Begleiter ausdrücklich in Schutz genommen und zu den Häschern gesagt: „Wenn ihr also mich sucht, dann lasst diese gehen“ (Joh 18,8).

Jesus war radikal, aber gleichzeitig menschlich. Man findet in den Evangelien nirgendwo eine Stelle, an der er einzelne Menschen abgeurteilt oder verdammt hätte. Selbst seinem abtrünnigen Jünger Judas Iskariot, von dem er wusste, dass der ihn an die Jerusalemer Priesterschaft verraten wollte, hat er wie den anderen Aposteln die Füße gewaschen und Brot gereicht (Joh 13,2 ff., 26 ff.).

Wenn Jesus zu einem tugendhaften Verhalten aufrief, dann in der Absicht, die Welt zu verbessern und das Reich Gottes vorzubereiten. Dazu brauchte er Vorbilder, auch das der Sanftmütigen.

Hungern nach Gerechtigkeit

Die Gerechtigkeit hat Jesus ebenfalls zum Thema seiner Bergpredigt und damit zu einer zentralen Botschaft gemacht. Er erklärt:

> „Selig, die hungern und dürsten nach der Gerechtigkeit, denn sie werden gesättigt werden.“ (Mt 5,6)

Und weiterhin:

> „Selig, die verfolgt werden um der Gerechtigkeit willen, denn ihnen gehört das Himmelreich.“ (Mt 5,10)

Was Jesus sich genau unter Gerechtigkeit vorstellt, erläutert er nicht. Da er sich jedoch ausdrücklich auf Moses und die Propheten beruft (Mt 5,17), ist davon auszugehen, dass er den

Gerechtigkeitsbegriff der jüdischen Religion meint, der sich auf Moses und seine Gesetze gründet. Das bedeutete, dass Rechte und Ansprüche für jedermann gleichwertig abgewogen, geprüft und gewürdigt werden und dass jeder beanspruchen darf und bekommen soll, was ihm zusteht („Jedem das Seine").

Das Gegenteil von Gerechtigkeit ist Willkür. Im Deuteronomium sagt Moses: „Richter [...] sollen dem Volk Recht sprechen und gerechte Urteile fällen. Du sollst das Recht nicht beugen. Du sollst kein Ansehen der Person kennen. Du sollst keine Bestechung annehmen, denn Bestechung macht Weise blind und verdreht die Fälle derer, die im Recht sind. Gerechtigkeit, Gerechtigkeit – ihr sollst du nachjagen" (Dtn 16,18–20).

Das jüdische Verständnis von Gerechtigkeit bedeutet also Ausgewogenheit der Rechtsprechung und gleiches Recht für alle. Jesus teilt diese Auffassung, geht jedoch einen Schritt weiter und sagt:

> „Denn er [Gott] lässt seine Sonne aufgehen über Böse und Gerechte und lässt es regnen über Gerechte und Ungerechte." (Mt 5,45)

In seinem Gleichnis von den Arbeitern im Weinberg erzählt Jesus die Geschichte von einem Gutsbesitzer, der zu unterschiedlichen Stunden Arbeiter einstellt und sie anschließend alle gleich bezahlt. Als sich diejenigen, die am längsten gearbeitet haben, deshalb bei ihm beschweren, erklärte er einem von ihnen:

> „Hast du nicht bekommen, was du mit mir vereinbart hast? […] Ich will dem letzten ebenso viel geben wie dir. Darf ich mit dem, was mir gehört, nicht tun, was ich will? Oder ist dein Auge böse, weil ich gut bin?" (Mt 20,13–15)

Für Jesus bedeutete Gerechtigkeit demnach, dass niemand benachteiligt, gedrückt oder hintergangen werden durfte, es aber möglich sein musste, darüber hinaus Barmherzigkeit zu üben. Vielleicht hatten diejenigen, die nicht so lange gearbeitet hatten, genau wie die anderen Frau und Kinder zu versorgen und waren auf den vollen Lohn angewiesen.

Ähnlich verhält es sich mit Jesu Gleichnis vom verlorenen Sohn, der, nachdem er sein Erbe verprasst hat, reumütig zurückkehrt und vom Vater mit einem Festmahl empfangen wird. Auf Vorhalt des treu gebliebenen anderen Sohns, dass der Vater ihn immer knappgehalten habe, erwidert der Vater:

> „Mein Kind, du bist immer bei mir und alles, was mein ist, ist auch dein. Aber man muss doch ein Fest feiern und sich freuen, denn dieser, dein Bruder, war verloren und ist wiedergefunden worden." (Lk 15,31–32)

Wie schon die Römer erkannten, kann eine strikte Anwendung von Recht und Gesetz auch zu übertriebener Härte und zu Ungerechtigkeiten führen. So sagte der Gelehrte und Staatsmann Cicero: „Summum ius summa iniuria“ (8) – „Höchstes Recht kann größtes Unrecht sein“.

Einen solchen Fall hatte Jesus selbst erlebt, als jüdische Schriftgelehrte ihm eine Ehebrecherin vorführten, die nach den strengen Gesetzen des Moses gesteinigt werden sollte (vgl. S. 12). Doch Gerechtigkeit ist kein Selbstzweck. Unabdingbar gehören zu ihr auch Gnadenakte und: Barmherzigkeit.

Selig sind die Barmherzigen

Die von Jesus geforderte Nächstenliebe kann sich nicht auf Gerechtigkeit beschränken. Wer verschuldet oder unverschuldet in Not gerät, braucht Hilfe. Dem vom barmherzigen Samariter geretteten Überfallenen (vgl. S. 17) hätte auch geholfen werden müssen, wenn er das Opfer einer von ihm provozierten Schlägerei gewesen wäre. Jesus ging es um den Menschen. Institutionen, Politik, Systeme spielten für ihn eine untergeordnete Rolle. Menschlichkeit aber ist nur möglich, wenn auch Barmherzigkeit geübt wird.

Kein Mensch ist völlig autark. Als Heranwachsender, Kranker, in Not Geratener, Unwissender, Suchender braucht er die Unterstützung und Hilfe anderer. In der Regel sind die Bedürftigen nicht in der Lage, die benötigten Hilfen zu vergüten. Deshalb sind sie darauf angewiesen, dass ihre Wohltäter selbstlos handeln. In der Bergpredigt sagt Jesus:

> „Selig sind die Barmherzigen, denn sie werden Erbarmen finden.“ (Mt 5,7)

Barmherzigkeit ist tätige Nächstenliebe (vgl. S. 16). Sie ist die Bereitschaft, anderen Menschen in der Not beizustehen, ihnen zu helfen, sie aufzurichten, ihre Not zu lindern oder auch dieser Not vorzubeugen.

Alle Religionen und fast alle ethischen Konzepte der Philosophen plädieren für Barmherzigkeit. Ohne sie wäre das Leben auf der Erde unerträglich.

Seid klug wie die Schlangen

Die Weisheit, für Aristoteles die wichtigste Tugend, spielte in den Reden Jesu keine herausragende Rolle. Er hat seine Lehren verkündet und nur selten argumentiert. Er selbst war hochgebildet und kannte die heiligen Schriften des Judentums, die Gesetze des Moses und die Lehren der Propheten. Menschen, die mit ihm zu tun hatten, nannten ihn daher „Rabbi“ oder „Meister“ (Joh 1,38; 13,13).

Er selbst war von seiner Sendung durch Gott überzeugt im Besitz des Wissens darüber, was das Leben auf der Erde und im Himmel betraf. Von seinen Zuhörern erwartete er Offenheit im Glauben. In seiner Bergpredigt verkündet Jesus:

> „Selig sind, die da geistlich arm sind, denn ihrer ist das Himmelreich." (Mt 5,3)

So übersetzte Luther. In der Einheitsübersetzung der Heiligen Schrift der Katholischen Bibelanstalt lautet die Übersetzung: „Selig, die arm sind vor Gott." In früheren Texten hieß es „Selig die Armen im Geiste."

Jesus spricht hier diejenigen an, die von sich sagen: „Hier stehe ich, ich armer, in Bezug auf Gott Unwissender, bin aber bereit, zu lernen und zu verstehen." Ihnen soll geholfen werden.

An anderer Stelle lobt Jesus deshalb auch die Kinder, die auf Grund ihres Alters nicht über viel Wissen verfügen können, aber unbefangen und aufnahmebereit für neue Botschaften sind. Dazu schreibt der Evangelist Lukas:

> „Man brachte auch kleine Kinder zu ihm, damit er sie berühre. Als die Jünger das sahen, wiesen sie die Leute zurecht. Jesus aber rief die Kinder zu sich und sagte: Lasst die Kinder zu mir kommen und hindert sie nicht daran! Denn solchen wie ihnen gehört das Reich Gottes […] Wer das Reich Gottes nicht annimmt

> wie ein Kind, der wird nicht hineinkommen." (Lk 18,15–17)

Seinen Jüngern kündigt Jesus an, dass sie von seinen Gegnern verfolgt und vor Gericht gezerrt würden und gibt dazu einen Rat:

> „Siehe, ich sende euch wie Schafe mitten unter die Wölfe: seid daher klug wie die Schlangen und arglos wie die Tauben." (Mt 10,16)

Hierbei geht es Jesus nicht um Bücherwissen und wissenschaftliche Gelehrtheit, sondern um Lebensklugheit. Die Schlange galt von alters her bei den Juden als klügstes Tier. Im 3. Buch Moses (Gen 3,1) heißt es bereits: „Die Schlange war schlauer als alle Tiere des Feldes, die Gott, der Herr gemacht hatte."

Jesus richtete seine Botschaft an alle und nicht an eine geistige Elite. Jeder war für ihn „der Nächste". Das Reich Gottes war für jedermann offen. Erst die von Jesus gegründete Kirche hat entscheidend der Gelehrsamkeit und der Weisheit von Kirchenlehrern (Paulus, Augustinus, Albertus Magnus, Thomas von Aquin u. a.) bedurft.

Leichter geht ein Kamel durch ein Nadelöhr

Nach seinem Selbstverständnis war Jesus von Gott, seinem Vater, auf die Erde gesandt, um dort das Reich Gottes anzukündigen und vorzubereiten. Er war nicht entsandt, um Besitz und Reichtümer anzuhäufen. Wirtschaftliches Engagement hätte ihn von seinem Auftrag abgelenkt. Sein Anliegen war ideell. Zu Geld scheint er keine Beziehung gehabt zu haben.

Er findet es rechtens, wenn die Arbeiter im Weinberg trotz unterschiedlicher Arbeitsleistung alle den gleichen Lohn erhalten (vgl. S. 28f.). In einem anderen Gleichnis lobt er sogar einen ungerechten Verwalter, der den Schuldnern seines Herrn eigenmächtig Schulden erlässt, um sich bei ihnen beliebt zu machen (LK 16,1–8). Und er verkündet:

> „Ihr könnt nicht Gott dienen und dem Mammon. Deswegen sage ich euch: Sorgt euch nicht um euer Leben, was ihr essen oder trinken sollt, noch um euren Leib, was ihr anziehen sollt! […] Seht euch die Vögel des Himmels an: Sie säen nicht, sie ernten nicht und sammeln keine Vorräte in Scheunen; euer himmlischer Vater ernährt sie […]. Lernt von den Lilien des Feldes, wie sie wachsen: sie arbeiten nicht und spinnen nicht. Doch […] selbst Salomo war in all seiner Pracht nicht gekleidet wie eine von ihnen." (Mt 6,24–29)

Ob Jesus dies bei heute sieben Milliarden Einwohnern auf der Erde so wiederholen würde, ist kaum zu vermuten. Auch er lebte nicht nur wie die Vögel des Himmels. Von den Frauen in seinem Gefolge heißt es bei Lukas: „Sie unterstützten Jesus und seine Jünger mit ihrem Vermögen“ (Lk 8,3).

An anderer Stelle sagt Jesus:

> „Leichter geht ein Kamel durch ein Nadelöhr, als dass ein Reicher in das Reich Gottes gelangt.“ (Mk 10,25; Mt 19,24; Lk 18,25)

Das ist ein hartes Urteil. Doch auch Jesus war sich bewusst, dass ohne ein gewisses Quantum an Reichtum und Macht niemand Barmherzigkeit üben kann. Die Wohltäter in seinen Gleichnissen waren Gutsherren oder wohlhabende Kaufleute. Unabhängig davon muss man feststellen, dass materieller Wohlstand oder irdischer Reichtum Jesus von Nazareth persönlich nichts bedeutet haben.

Gebt dem Kaiser, was des Kaisers ist

Gestützt auf die Propheten Samuel (7,13), Jesaja (61,1–7) und Jeremia (33,14–26) erwarteten zu Lebzeiten Jesu viele Juden das Erscheinen eines Messias (Gesalbten), der das

Volk einen, die Herrschaft des großen Königs David fortsetzen, den Armen eine frohe Botschaft und dem ganzen Volk doppelten Wohlstand und ewige Freude (Jesaja 61,7) bringen würde. Unter dem Messias stellten sich die meisten eine vornehme, edle und beeindruckende Persönlichkeit vor. Diesem Bild entsprach der einfach gekleidete Wanderprediger aus der kleinen, staubigen Gemeinde Nazareth nicht. Doch trat er selbstbewusst als einer auf, der von Gott ausersehen ist und ein kommendes Gottesreich ankündigt. Damit geriet er in Widerstreit mit den damals im Judentum einflussreichsten religiösen Gruppierungen, insbesondere den Pharisäern, in deren Reihen sogar der Beschluss geplant wurde, Jesus umzubringen (Mt 12,14). Im Bewusstsein, dass die römische Besatzungsmacht keine Änderung der politischen Verhältnisse zulassen würde, versuchten einige von ihnen, Jesus eine Falle zu stellen. Drei Evangelisten berichten davon, dass sie Abgesandte zu ihm schickten mit der Frage: „Was meinst du: Ist es recht, dem Kaiser Steuern zu zahlen, oder nicht?"

Jesus, der ihre Absicht durchschaute, erwiderte: „Zeigt mir die Steuermünze!", worauf sie ihm einen Denar reichten. Darauf sagte Jesus zu ihnen: „Wessen Bild und Aufschrift ist das?", und sie erwiderten: „Des Kaisers" Da sagte Jesus zu ihnen:

> „Gebt dem Kaiser, was dem Kaiser gehört, und Gott, was Gott gehört.“ (Mt 22,15–22; Mk 12,13–17; Lk 20,20–26)

Jesus strebte geistige, aber keine politischen Ziele an. Gegenüber Pontius Pilatus, dem römischen Präfekten von Judäa, erklärte er:

> „Mein Reich ist nicht von dieser Welt.“ (Joh 18,36).

Das Gottesreich, das er ankündigte, war getragen vom göttlichen Willen und nicht von menschlichem Machtstreben. Im Vaterunser, das er seine Jünger lehrte, heißt es:

> „Vater unser im Himmel [...], dein Reich komme, dein Wille geschehe, wie im Himmel so auf Erden.“ (Mt 6,9–10, übersetzt von Luther)

Was aber dieser Wille Gottes ist, das hat Jesus in seiner Bergpredigt und in vielen Ansprachen und Gleichnissen dargelegt. Es ging nicht um Macht, sondern um die Beziehung der Menschen zu Gott und ihr Zusammenleben untereinander. Es ging um Werte und Tugenden, wie sie im Text zuvor dargelegt worden sind.

Die Jünger Jesus haben den Messias-Gedanken (vgl. S. 35 f.) aufgegriffen und auf Jesus und sein Gottesreich bezogen. Sie ernannten Jesus zum „Gesalbten“ (griechisch „Christos“). So setzte sich schließlich der Name Jesus Christus durch. Um seine Legitimation zu untermauern, führten sie seinen Stammbaum auf König David und sogar auf Abraham, den Stammvater der Semiten, zurück (Mt 1,1–17).

Im Jahr 380 wurden die Lehren Jesu und das von ihm und seinen Jüngern begründete Christentum zur Staatsreligion im römischen Reich. Als im 5. Jahrhundert das Römische Reich zerbrach, führte das zu einer großen Verunsicherung in den christlichen Gemeinden. Das nahm der Bischof von Hippo und Kirchenlehrer Augustinus (354–430) zum Anlass, aus den Worten Jesu die These von einem Gottesstaat („civitas dei") zu entwickeln. Diese „Groß-Gemeinde Gottes" war ein geistig-ethisches System, das auf den Lehren Jesu beruhte und neben beziehungsweise innerhalb der jeweils existierenden politischen Ordnung bestand, gleichzeitig aber selbstständig und unabhängig war.

Die ethischen Gebote und Vorstellungen, die Jesus lehrte, zielten nicht darauf, ein bestimmtes politisches System zu errichten. Sie lassen sich verwirklichen, ob nun ein Kaiser, König, Stammesfürst oder das Volk regiert. Andererseits setzen sie auch einen strikten Rahmen für die Ausübung von Macht. Krieg, Unterdrückung, Machtgier, Willkür, Unfreiheit, Ungerechtigkeit und Unbarmherzigkeit sind unvereinbar mit den Lehren Jesu.

Auch die Goldene Regel, die schon früh in vielen Kulturen und Gesellschaften anerkannt wurde und sich ebenfalls in Kants „kategorischem Imperativ" wiederfindet, wurde auch von Jesus gelehrt:

> „Was ihr von anderen erwartet, das tut ebenso auch ihnen." (Lk 6,31)

Wird dir dein Auge zum Ärgernis ...

Im dritten Teil seiner Bergpredigt verschärft Jesus Gebote des Moses, indem er postuliert:

> „Ich aber sage euch: Wer eine Frau ansieht, sie zu begehren, hat in seinem Herzen schon Ehebruch mit ihr begangen." (Mt 5,28)

> „Wenn dich dein rechtes Auge zum Bösen verführt, so reiß es aus und wirf es von dir. Es ist besser für dich, dass eines deiner Glieder verloren geht, als dass dein ganzer Leib in die Hölle geworfen wird. Wenn dich deine rechte Hand zum Abfall verführt, so hau sie ab und wirf sie von dir [...]." (Mt 5,29–30)

Das sind rigorose, ja fundamentalistische Forderungen, die nicht zu dem Verständnis passen, das Jesus gegenüber seinen Mitmenschen zeigte (vgl. S. 26f.). Er hat nie einen Sünder persönlich gescholten oder verurteilt. Interessant ist auch, dass er von den Zehn Geboten des Moses nur vier herausgehoben hat. Es sind die Gebote: „Du sollst nicht töten“ (5. Gebot), „Du sollst nicht lügen“ (7. Gebot) und „Du sollst nicht ehebrechen“ (6. und 9. Gebot). Was er da aufstellt, sind radikale Forderungen und Ratschläge, die viele Fragen aufwerfen, die sich nur theologisch beantworten lassen.

Der Rat, sich das Auge auszureißen, ist nicht wörtlich zu verstehen. Jesus sprach viel in Gleichnissen und benutzte eindringliche Bilder, um mit kraftvollen Beispielen seine Zuhörer zu erreichen. So auch hier, wo er ein drastisches Beispiel findet, wie man das Böse bekämpfen soll. Jesus hat seine Jünger ausgesandt, um das Reich Gottes vorzubereiten. Dazu mussten sie gesund und kräftig sein und nicht verkrüppelt oder entstellt. Was hätte es zudem bedeutet, wenn auch das linke Auge zum Ärgernis geworden wäre und der linke Arm ebenfalls zum Abfall verführt hätte? Darüber hinaus hat Jesus gefordert, dass man seinen Nächsten lieben sollte wie sich selbst. Das bedeutet im Umkehrschluss, dass jeder Einzelne, also auch ein Sünder, nicht nur gegenüber seinem Nächsten, sondern auch gegenüber sich selbst Sanftmut, Barmherzigkeit und Friedfertigkeit üben sollte.

Einige Jünger-Nachfolger haben den dritten Teil der Bergpredigt allerdings wörtlich genommen und damit Verwirrungen in die christliche

Gemeinschaft gebracht. So soll zum Beispiel der von einigen zu den Kirchenvätern gezählte Origenes von Alexandrien (185–254) sich selbst kastriert haben. Der hl. Benedikt von Nursia (um 420–547), Gründer einer der bedeutendsten christlichen Ordensgemeinschaften, der Benediktiner, hat sich mit Dornen gequält, um geschlechtlichen Versuchungen Herr zu werden (9), und die hl. Elisabeth von Thüringen (1207–1231) ließ sich von ihrem Beichtvater und Seelenführer Konrad von Marburg körperlich züchtigen (10).

Selbstzüchtigungen sind auch heute noch in manchen religiösen Gemeinschaften gebräuchlich und werden mit dem Ausdruck „strenge Disziplin" umschrieben. Doch das sind Probleme des Glaubens und der Psychologie, nicht der Philosophie.

Lohn und Strafe

Jesus hat sich nicht nur als Lehrer gesehen, sondern auch als Gottes Sohn und Gesandter. Er hat keinen der Menschen, denen er begegnet ist, persönlich bedroht oder verurteilt. Dennoch hat er Aussagen gemacht, die vor den Folgen eines ungerechten und sündigen Lebens warnten. In einem Gleichnis (vgl. S. 16) sprach er davon, dass ein König (Gott) über Gerechte und Ungerechte zu Gericht sitzt und zu ihnen sagt:

> „Was ihr für einen meiner geringsten Brüder getan habt, das habt ihr mir getan.“ (Mt, 25,40)

Und umgekehrt:

> „Was ihr für einen dieser Geringsten nicht getan habt, das habt ihr auch mir nicht getan. Und diese [die Ungerechten] werden weggehen zur ewigen Strafe, die Gerechten aber zum ewigen Leben.“ (Mt, 25,45)

An anderer Stelle kündigt Jesus an:

> „Der Menschensohn wird seine Engel aussenden und sie werden aus seinem Reich alle zusammenholen, die andere verführt und Gesetzloses getan haben, und werden sie in den Feuerofen werfen. Dort wird Heulen und Zähneknirschen sein.“ (Mt 13,41–42)

Das sind bedrohliche Äußerungen, die in ihrer Konsequenz unerbittlich sind. Für gläubige Christen bilden sie eine klare Regel. Doch Jesus verspricht zugleich allen, die von ihm lernen und ihm folgen wollen:

> „[…] mein Joch ist sanft und meine Last ist leicht.“ (Mt 11,30)

Resümee

Dass die Lehren eines Wanderpredigers aus Galiläa, der dazu noch einen erniedrigenden Tod am Kreuz erlitt, einmal Weltgeltung erlangen würden, konnte niemand erwarten. Im damaligen Römischen Reich gab es ungezählte Kulte, angefangen von der göttlichen Verehrung des Kaisers, jener der klassischen Götter des Olymp (Jupiter/Zeus, Juno/Hera, Venus/Aphrodite, Mars/Ares u.a.) über „ausländische" Kulte wie den von Mithras oder von Isis und Osiris bis hin zum Glauben an eine Geisterwelt. Darüber hinaus stand Jesu Lehre in Konkurrenz zu weit verbreiteten philosophischen Richtungen, so zur Stoa oder zum Epikureismus. Fünf Gründe lassen sich für den Erfolg des Christentums nennen:

Erstens: Das Christentum war nicht nur eine ethische Lehre, sondern auch eine Religion mit vielen Verheißungen, vor allem auf ein Fortleben nach dem Tod und ein endloses Glück.

Die Jünger Jesu, allen voran der Apostel Paulus, haben die Lehren in der ganzen damals bekannten Welt verbreitet. Sie haben missionarisch gewirkt und nicht nur eine Schule oder Lehrstätte gegründet. Der Apostel Thomas gelangte bis nach Indien, der Apostel Jakobus bis in den Nordwesten Spaniens (Santiago de Compostela). Sie folgten der Anweisung Jesu: „Geht hin in alle Welt und lehrt alle Völker" (Mt 28,19).

Zweitens: Die Lehren Jesu richteten sich an alle Menschen, an Arme und Reiche, Freie und Sklaven, Frauen und Männer, Kinder und Erwachsene, Juden und Nichtjuden, Gebildete und Ungebildete. Jedermann konnte sich angesprochen fühlen und wurde ernst genommen. Die Lehren achteten jeden gleich. Sie waren mitreißend und spannend, das Christentum war eine junge, lebendige Religion, in der man sich begegnete und einen Zusammenhalt (Geschwisterlichkeit) erleben konnte.

Drittens: Das Hauptgebot Jesu, die tätige Nächstenliebe, führte dazu, dass in den christlichen Gemeinden Armen- und Krankenfürsorge organisiert und für Witwen und Waisen gesorgt wurde. Diesen Dienst („Diakonie") oder diese Wohltätigkeit („Caritas") kannten andere Gemeinschaften in dieser Form nicht. Es gab vor allem keine staatliche Vorsorge oder Wohlfahrt. Umso dankbarer nahmen die Betroffenen die Hilfen der Jesus-Nachfolger an.

Viertens: Die Lehre vom Gottesreich, in das die Menschen nach ihrem Tod eintreten und in dem sie dem liebenden Gott von Angesicht zu Angesicht gegenübertreten – und das auch Sklaven und reuigen Sündern offenstand –, war eine große Verlockung gegenüber den im Altertum mehrheitlich herrschenden trostlosen Jenseitsvorstellungen.

Fünftens: Das christliche Leben war geprägt von Kulten, Ritualen und Symbolen, welche die Herzen der Menschen ansprachen und gewannen. Messfeiern mit feierlichen Liturgien, gemeinsame Liebesmahle, Gebete, Gesänge, Wiederholungen von Worten Jesu oder auch Gedenkfeiern, Prozessionen oder Pilgerreisen sprachen die Menschen an.

Das Kreuz, an dem Jesus gestorben war, wurde von den Christen zum Symbol seiner Selbstaufopferung für die Menschen uminterpretiert. Es wurde zum Zeichen seines Triumphes, unter dem alle sich wiederfinden konnten. Ähnliches galt für das Zeichen des Fisches, das für die Anfangsbuchstaben von griechisch Iesos Christos Theos Yios Soter (Jesus Christus Gottes Sohn Retter) stand, denn die Anfangsbuchstaben ergeben zusammen das griechische Wort Ichtys (Fisch). Es wurde zu einem beliebten Symbol und Erkennungszeichen. Die gemeinschaftsbildende Bedeutung solcher Rituale und Symbole ist in der Wissenschaft anerkannt.

Die nachhaltigsten Lehren und Botschaften Jesu waren die Nächstenliebe, die Achtung der Würde und Selbstständigkeit jedes einzelnen Menschen und die Forderung nach Friedfertigkeit. Nicht immer sind sie von seinen Nachfolgern und Anhängern befolgt worden, doch sie stehen am Anfang seiner Lehren. In Zeiten wie den unsrigen, in denen Machtstreben, Profitgier, Rücksichtslosigkeit und Fremdenhass eine immer größere Rolle spielen, sollten die Menschen an die Worte Jesu erinnert werden. Das könnte umso leichter fallen, als auch der Islam die Rolle Jesu als großer Prophet anerkennt und die meisten Religionen Gemeinsamkeiten mit den Lehren Jesu aufweisen. Auch der weit in der Welt verbreitete Humanismus und die Deklaration der Menschenrechte durch die Vereinten Nationen wären ohne Jesu Vorgaben nicht denkbar.

Die größte christliche Gemeinschaft, die römisch-katholische Kirche, hat aus den Grundlehren von Jesus eine Soziallehre entwickelt, die zutiefst menschlich und in hohem Maß funktionstüchtig ist. Sie fordert, dass jedem Menschen ein Auskommen und jedem Arbeiter ein gerechter Lohn zusteht, und sie stellt als Grundlagen des gesellschaftlichen und politischen Lebens drei Prinzipien fest: 1. die Personalität, also die Würde und Selbständigkeit des einzelnen Menschen (11), 2. die Subsidiarität, d.h. die Hilfe zur Selbsthilfe beziehungsweise die gegenseitige Hilfe zur Linderung akuter Not (12) und 3. die Solidarität, d.h. die Geschwisterlichkeit/Brüderlichkeit unter allen Menschen als Fazit der Lehren Jesu für Staat und Gesellschaft (13).

Wenn die Menschen sich auf die ethischen Lehren des Jesus von Nazareth rückbesinnen, sie erproben und sich darüber verständigen würden, könnte dies für die ganze Welt ein Vorteil sein.

Fundstellen, Quellen, Literatur, Siglen

Fundstellen

(1) Karl Popper: Die Offene Gesellschaft und ihre Feinde, Bd. II, 8. Aufl., Tübingen 2003, S. 270.

(2) Ebd., Bd. I, S. 54.

(3) Eugen Fink: Nietzsches Philosophie, Stuttgart 1960, S. 69.

(4) Horst Poller: Die Philosophen und ihre Kerngedanken, 5. Aufl., München 2010, S. 132–34.

(5) Die Bibel, Einheitsübersetzung der Heiligen Schrift, Freiburg/Basel/Wien 2016, S. 1419.

(6) Publius Ovidius Naso: Remedia Amoris – Heilmittel gegen die Liebe, Stuttgart 2011, V. 91.

(7) Bertrand Russell: Warum ich kein Christ bin, Berlin 2017.

(8) Marcus Tullius Cicero: De officiis Liber I, 33.

(9) Gregor der Große: Vier Bücher Dialoge – Dialogi de vita et miraculis patrum italicorum (Zwiegespräche über das Leben und die Wundertaten italienischer Heiliger), Kempten/München 1933, 2. Bd., 2,1.

(10) Ernst W. Wies: Elisabeth von Thüringen. Die Provokation der Heiligkeit, Esslingen/München 1993, S. 41.

(11) Kompendium der Soziallehre der Kirche, hg. vom Päpstlichen Rat für Gerechtigkeit und Frieden, Freiburg/Breisgau 2006, S. 106 ff.

(12) Ebd., S. 146 ff.

(13) Ebd., S. 152 ff.

Quellen

Die Bibel, Einheitsübersetzung der Heiligen Schrift, Gesamtausgabe, Freiburg/Basel/Wien 2016

Die Bibel. Nach Martin Luther. Historische Fassung von 1912, Köln 2016

Die im Text zitierten Bibelstellen entstammen der o. g. Einheitsübersetzung, an der neben katholischen Theologen auch protestantische mitgewirkt haben. Wo Luthers Text angeführt wurde, ist dies ausdrücklich vermerkt. Inhaltlich weichen die zitierten Textstellen in den Quellen nicht nennenswert voneinander ab.

Literatur

Bultmann, Rudolf: Jesus, München/Hamburg 1964

Carmichael, Joel: Leben und Tod des Jesus von Nazareth, übers. von Carola Dietlmeier, Frankfurt a. M./Hamburg 1968

Guardini, Romano: Der Herr. Betrachtungen über die Person und das Leben Jesu Christi, 2. Bde., Colmar 1947

Puig i Tàrrech, Armand: Jesus. Eine Biographie, übers. von Xavier und Ursula Moll, Paderborn 2011

Siglen

Gen	Genesis (1. Buch Mose)
Ex	Exodus (2. Buch Mose)
Dtn	Deuteronomium (5. Buch Mose)
Mt	Evangelium des Matthäus
Lk	Evangelium des Lukas
Mk	Evangelium des Markus
Jo	Evangelium des Johannes